「老子」新訳

Tao

名のない領域からの声

Lao Tzu : A New Translation

Kajima Shozo
加島祥造

地湧《ちゆう》社

はじめに――「老子」新訳にあたって

今度の「老子」訳は、三度目のものです。

最初の訳は、『タオ　ヒア・ナウ』（ＰＡＲＣＯ出版　一九九二年）で、今から二十年前、私は「老子」の英文訳に出くわして、訳者アーサー・ウエーリーの英文老子に心を打たれたのでした。その明快な英訳文からは、老子の言葉が実にはっきり伝わってきた。彼の思想もよくわかり、私の考え方や生き方を変えさせ、新しい視野を開くものだった。英文は自由な話し言葉であり、老子の語る声を聞く思いがしました。

そうした感銘に従って私は、自分の話し言葉で老子を訳し始めました。『老子道徳経』は、詩の文体であったから、私は自分の詩的能力を込めた詩体（スタイル）で訳しました。

第二回目の「老子」訳は、『タオ―老子』（筑摩書房　二〇〇〇年）。十年が過ぎて八十歳の時です。前の訳は八十一章のうち十五章を除いてあったし、訳文もやや自由奔放すぎるものだった。それで今度は完訳にすると同時に、原典の意をくんで、もっと落着いた訳をしたのでした。これを私の「老子」訳の定本としました。

再び十年が過ぎて、このたび三度目のこの「老子」新訳を出せることになりました。今年の冬に、ふと『タオ―老子』を再読し、一章、二章に手を加えてみて、新鮮な感じを味わった。そして冬の間、雪に囲まれた谷の家で稿を進め、完成しました。

『老子道徳経』は、ばらばらな、連関のない各章に見えがちですが、心を潜めて再読三読すると、多くの章と章の間には意味のつながりがある。それを感じとり、私はこの八十一章を結びつける語を用いて、ひとつの物語詩に転換しようとしています。

これまでの三つの訳は、以上のような経過をたどった。いずれもその時々の最上の努力からなっていて、優劣はないものです。

『老子道徳経』の解説は万とあります。西洋の人々はとくに、自分の解釈した「老子」を説く。巻末に入れた私の「解説」もそのひとつです。二十年老子に接してきて、いま私の心を喜びで満たす、私の大切な「老子」を語っています。

「老子」新訳◉目次

老子私観――柔らかなバランス――193

「老子」新訳

——名のない領域からの声

第一章

道《タオ》——名のない領域

これが道《タオ》だ、と言ったり、
名づけたりしたって
それは
本当の道《タオ》じゃないんだ。

なぜなら口で言ったり
名づけたりする人間のむこうに、
名のない領域が
無限に広がっているからだ。

この名のない領域から
天と地が生まれ、
天と地のあいだから
数知れぬ名前が生まれた。
だから天と地は
名のあるものすべての
「母」なのだよ。

ところで、
名のあるものには
欲がくっつく。
欲がくっつけば、
ものの表面しか見えない。そのむこうの
名のない領域を感じとるには
無欲になることだ。

それしかないんだよ。

名のない領域と
名のある領域は、
同じ源から出ている。

名のない領域は
薄明りの空間だ。
それは、はるかに広がっている。
そのむこうにも……

この無限の空間を、
仮に「玄《げん》」と呼ぶ。
玄の奥にまた玄がある。
この宇宙空間から、

名のある領域に出るところに
「衆妙の門」が立っている。
それは命《いのち》ある万物すべてのものが
出入りする門だ。

第二章

「汚い」があるから「美しい」がある

ひとは無名の領域から出たものに
名をつけるが、それはものの
表面に
ただ張りつくだけなのだよ。

「美しいもの」は
「汚いもの」があるから
美しいと呼ばれるのさ。
善と呼ばれるのは
悪があるからだ。

悪があるから
善もあるというわけだ。
ものが「ある」のは、
「ない」があるからだ。

「長い」は
「短い」と比べるから長いのさ。
「高い」は
「低い」があるから高いのだ。
歌だって、そこに
声とトーンがあるから歌になる。

「前」は
「後」があるから
「前」と言える。

名はものの片方だけしか指せない――

これを知るタオの人は
知ったかぶらない。手軽く片方に
きめつけたりしない。
自然エネルギーに任《まか》せて
あまり手出しをしないのだ。

このタオの
本当の働きを受け入れる人は
何かをつくりあげても、威張《いば》らない。
成功しても、
成果を自分のものにしない。
自分のものだと主張しないから
かえって、ひとから忘れられない。

その人の成し遂げたものを
誰にも奪い取られない。

※原文の「聖人」は「タオの人」にした。

第三章

野心はやめて安らいで暮らす

世間が
頭のいい人を褒《ほ》めるもんだから
みんな、利口になろうとあくせくする。
金《かね》や宝石を大事にするから
盗《ぬす》っ人がふえる。
必要ないものまで
やたらに欲しがらせるから
ますます求める心になる！

野心の方はやめにして、

骨をしっかりこさえることだ。
小利口な奴や金持ちに目をくれずに
こっちはこっちで
楽しくやってゆくのさ。

実際、道《タオ》とは、
先を考えてあくせくせずに、
ここでのいまを
安らいで暮らすことなんだよ。

第四章

「空《から》っぽ」はタオ・エナジーに満ちている

タオ・エナジーは、
空《から》っぽのなかに、満ちている。
それは、いくら掬《く》んでも掬みつくせない。
なぜなら
すべてのものの出る源《みなもと》だからだ。

その働きは
鋭い刃を丸くする。
もつれたものをほぐし、
強い光をやわらげる。

舞い上がった塵《ちり》を下におさめる。

それで、道《タオ》のことを
深い淵《ふち》にたとえたりする。
その淵に潜《もぐ》ってゆくと
果て知れない先の先、すべてを産む
道《タオ》の源まで
ゆけそうだ。

だから私は、
誰の子かと訊《き》かれたら、
道《タオ》が母だ、と答えるのさ。

第五章

天地は巨大なふいご

名のない領域から生まれた天と地は
すべての生きものを、公平に扱う。
人間だけを
贔屓《ひいき》にしたりしない。
人でも犬でも、同じように
生かしもすれば
死なせもする。

天と地は、
巨大なふいごのように

なかは空《から》っぽだけれど、
ひとたび動きだすと、
数かぎりなく産みだす。

このことをよく知る人は
たえず喋《しゃべ》くったり利口ぶったりしないで
黙っている。

第六章
神秘な女神

谷は大きな空間であり、
すべてを産みだす神秘な女神がいる。
彼女に導かれて
その門をくぐってゆくと
天地の根っこに達するのだ。

そこから、湧《わ》きでる命《いのち》のエナジーは
いくら掬《く》んでも、
掬みつくせない。

第七章

天と地のあり方

天はひろびろとしているし、
地は果てしなくつづく。
それは静かな様子だ。
というのも、天と地は
自分のために何かしようとしないで、
ただあるからなんだよ。

タオ・エナジーに気づいた人は
先を争わない。
ひとの後からついてゆく。

無理しないから、
身体《からだ》は長保《ながも》ちする。
我《が》を張らないから、かえって
自分を充分に活《い》かしてゆけるのだ。

第八章

水のように

タオの人は、
水に似ている。
水は、
すべてのものを生かし、養うけれど、
争ったり、威張《いば》ったりしない。
ひとの厭《いや》がる低いところに、
すすんで入ってゆく。
タオの人の暮らし方も、地《じ》についていて、
低く落着いている。
心は、静かで深い淵《ふち》のようだ。

ひとには、優しくて、親切だ。
自分のいちばんいいタイミングで活動する。
仕事はひとに無理させないで、
自分の喜びからしている。

とにかく水に似た人は、
争わない。
争わないから、
誰からも非難をうけない。

第九章

さっさと引っこむ

弓をいっぱいに引きしぼったら
あとは放《はな》つばかりだ。
盃《カップ》に酒をいっぱいにしたら
あとはこぼれるばかりだ。
あまり鋭く研《と》いだ刃物は
じきに欠けはじめる。
金《かね》や宝石で倉をいっぱいにしたら、
いつか奪われる。
富んで、おごり、たかぶる人は
落ちこむせとぎわにいるんだよ。

何もかもぎりぎりまでやらないで
やるべきことが終ったら
引っこむのがいいんだ。
それが天の道に添《そ》うことなんだ。

第一〇章

「玄《おく》」の深い力

道《タオ》の力《パワー》が
ひとにじかに働くとき、
それを「玄徳《げんとく》」と呼ぶ。
玄徳のパワーは、
あなたの身体《からだ》と心を
ひとつにする。
命《いのち》の気に満ちて、
柔らかな、
赤ん坊みたいにする。
もし国を治めるリーダーなら

ただ民を愛するだけでいる。

天とこの世を分ける衆妙の門を
開いて、母と遊ぶ。
ひとを愛し、社会を愛して
なお、余計な手出しをせずにいる。
天の門を出たいまも
母の優しさを保つ。
知識を深めても、なお
無邪気を失わない。
子を産んで、養うけれど
自分のものにしない。

こんなことのできる人は道《タオ》のパワーにつながり、
「玄徳《げんとく》」の者と呼ばれるのだよ。

第一一章

「空《から》っぽ」こそ役に立つ

器《うつわ》は、かならず
なかが空《から》っぽだ。
器は形でしかなく、形のなかの
空間が役に立つ。

家は窓をつくり、ドアをつけて、
部屋をつくる。
部屋の空間が役に立つ。
ぎっしりつまっていたら
使いものにならない。

これでわかるように
ひとは物の形を大切にするけれど、
本当は、なかの空っぽが役に立つのさ。

第一二章

頭の欲にとらわれないで

強烈な五彩の光が目を射《い》ると
色を見分けられない。
五つの音がいちどきに鳴ったら
音の調和は聞きとれない。
酸・苦・甘・辛・塩の味をいちどに
口にしたら
味なんか感じない。

狩りや競技に
夢中な人は、まるで

発狂してたかのようだ。
金儲《かねもう》けばかりに熱中する人は
他のことは全く考えない。

道《タオ》に従う人は、
頭の欲にばかりとらわれないで
飯をたっぷり喰《く》う。
腹は、
母につながる養分をつくる！

第一三章

たかの知れた社会なんだ

ひとは
褒《ほ》められたり貶《けな》されたりして、
暮らしている。
ひとにどう見られるか、どう言われるか
いつも気にしている。
しかしね
そういう自分は本当の自分じゃあなくて、
社会の自分なのだよ。

もうひとつ

天と地の自然につながる
自分がある。
その自分を取り戻せば
嘲《あざ》けられたって、笑われたって
ふふんという顔ができるよ。
社会から蹴落《けおと》されるのは
怖いけれど、
社会もいずれ変わると知れば、
くよくよ心配しなくなる。
たかの知れた自分だけれど
社会だって、
たかの知れた社会なんだ。
自然に養われた初めの自分を
何よりまず愛することだ。
この自分の愛を他の人々にも分かって

愛することだ。

社会の駒のひとつである自分は
いつもあちこち突き飛ばされて
前のめりに走ってるけれど、
そんな自分とは
違うタオの自分がいるんだ。

第一四章

形のない形

五感で確かめられないものこそ
本当の実在なんだ。

細かすぎるものは見えない。
あまり幽《かす》かな音は聞こえない。
まったく滑《なめ》らかな面は感じられない。
この三つのものは
ごく微細だから
空間で融《と》けあっている。

その空間は
かぎりなく昇ったって
ただ明るいだけでないし、
かぎりなく下へおりたって
ただ真っ暗なばかりじゃない。

形のない形、
ないもののあるところ、すべては
捉《とら》えがたい。
前から見たって
顔なんかわからない。
後ろから追っても尻は見えない。
絶え間なく連続し、変化し、動いて、
めぐっている。

第一五章

いつもの「自分」でいること

この太古からのタオ・エナジーを
体得した人は
ひっそりして、目立たないが
測りしれない深い智慧《ちえ》を持っている。
こんな人を言葉で表すには
比喩《ひゆ》的に言うほかない。

その慎重な態度は
冬に川を渡る人のようだ。
用心ぶかいさまは

初めての森を通る人のようだ。
落着いていて油断のない行動は
よその家を訪ねた客のようだが、
ひとと交わるさまは
氷が水に融けてゆくような滑《なめ》らかさだ。
素朴な様子は
伐《き》りだしたばかりの白木《しらき》のようだし、
心の広やかさは、大きな谷を思わせる。

濁《にご》った水みたいであり
濁ったままゆったりしているから
いつしか澄んでいく――そういう
あり方なんだ。
安らかにくつろいでいるくせに
いつの間にか動いていて、

何かを生み出している。
こういう人だから
無理をしないんだ。
タオを身につけた人は
消耗しない。
消耗しないから
古いものをいつも新しいものにしてゆく。
いつも「自分」でいられて、それでいて
新しく、変化に応じられる。

第一六章

静けさに帰る

心を、空《から》っぽにしてみる。
すると、本当の静けさを感じるよ！

空っぽな心に
静けさが満ちわたると感じるとき
道《タオ》の働きに気づく。

万物は
生まれ、育ち、活動するが
すべては元の根に帰ってゆく。

水の行先は、海
草木の行先は、大地
いずれも、静かなところだ。

それを知るのが最上の智慧《ちえ》であり
知らずに騒ぐのは、悩みの種をつくる。
この智慧に気づくとき
ひとは初めの命《いのち》を取りもどすのだ。
天と地をめぐって動く命の流れを
静かに受け入れてごらん、
自分の身の上でくよくよするなんて
馬鹿らしくなるよ。

第一七章

最上の指導者《リーダー》

道《タオ》と指導者《リーダー》のことを話そうか。
古代の上等な君主は、
静かにしていた。
それだけで、いい政治をしていた。
その次の君主は
人民に親しい態度をし、褒《ほ》めたたえられた。
次の時代になると
人民に恐れられた。
さらに次の代になると、
人民に侮《あなど》られた。

ひとの頭に立つ者が、
人民を信じなくなると、
やかましい規則ばかりつくる。
そうなると、人民も
君主を信じなくなる。

最上のリーダーは
治めることに成功したら、あとは
退《しりぞ》いて静かにしている。
すると人民は、安楽な暮らしを楽しみ、
「これは自分たちがつくりあげたんだ」と思う。
このことはね、一家の主人にも
同じように通じることなんだよ。

第一八章

孝行息子が出るのは

玄《タオ》の力が弱まると、
社会は正義や愛を使いだす。
情報や知識を
やたらに広げるから
詐欺《さぎ》や偽物《にせもの》がはびこる。
親が道楽者になるから
孝行息子が出る。

国家だってそうだ。
君主が

愚《おろ》かで無茶をするんで
忠臣が出てくるのさ。

第一九章

本当の「自分」を知る

頭ばかり使って
利巧《りこう》ぶる者をできるだけ
なくしちまえば、
人々はゆったり豊かに暮らせる。
道徳や正義になんか押しつけず
互いに慈《いつく》しみあってゆく。
計算や利益ばかり追わない世になれば
詐欺《さぎ》や強盗は出ない。

なによりも

自分の素朴さを
大事にすることだ。
自分の本性《ほんしょう》は、
我《が》を張ったり、
不要なものを求めたり
しないものなのだ。

第二〇章

「おっぱい」は好きなだけ吸うがいい

じっさい、
損得に頭を使わないで
素朴な自分に帰ると
心配や憂鬱《ゆううつ》がどんどん薄らぐよ。

「成功」とか「失敗」とか
「善い」とか「悪い」とか言ったって、
表と裏の違いでしかない！
そうみれば、少しの違いに
びくびくしなくなるよ。

世間のひとたちは、忙しがったり
陽気にお祭りさわぎをする。
お花見や団体旅行に出かける。
けれど私は加わらないで、
ろくな笑い声も立てない。
まだ笑いを知らない赤子みたいに
ぼんやりしている。
家なし子みたいに
まごまごしている。
みんなは陽《ひ》のさす所にいて
私は、日陰にいる。
みんなは素早く動いて手も早いのに
私はひとり、もっそりしている。
海みたいに静まり返ってるし

大風に吹かれたようにあてどなくさまよう。

みんなは目的と物を持ち、
それを役立てようとしている。
私は素朴な裸木のままさ。
確かに私はひとり
他のひとたちと違っているかもしれない。
しかしね、私はいま
大自然《タオ》の母親のおっぱいを
たっぷり吸っているんだよ。
滋養《じよう》でいっぱいの
あのお乳をね。

第二一章

この世の実相と現実

タオ・エナジーは
この世に現れて徳《タオ》パワーとなり、
物や人の中に宿る。
だから物や人は
道《タオ》の千変万化《せんぺんばんか》する動きに従う。
タオの人はそれを信じて従い、
太古から今まで生きている。
この真相を元にして
世の現実は出来上がっているのだよ。

第二二章

マイナスは大きなプラスを孕《はら》む

あらゆるものを成長させる
命《いのち》の根源の働きは、
「変化」だよ。

木は曲がることで生きてゆく。
虫は身をおりまげて、また伸びていく。
水は凹《くぼ》みからまた満ちてゆく。
ぼろぼろになったものは、
新しくなるしかないし、
物を持たない人は、

持つ可能性でいっぱいだ。
金を持った者は、
使われるか失うかさ。

タオの動きに従って
「この道《タオ》の変化」を抱いている人は
いい生き方の見本になる。
目立たないで、落着いているから
目立つ人になる。
正しいと主張しないから
かえって尊敬される。
威張らないから
長く信頼される。
ひとを見下さないから、
人々に見上げられ、したわれる。

つまるところ
争わないことだ、だから
喧嘩《けんか》をふっかけられない。

「自分を曲げる人は、
終りまでやりとげる」
この古い言葉は、
まことに本当だね。
そして素朴に生きて
初めの自分に帰ってゆく。

第二三章

タオのほうから助けてくれるさ

自然は
おしゃべりじゃないよ。
台風は上陸しても
半日で去る。
大雨は
二日とはつづかない。
道《タオ》に従う自然でさえ、
こんな程度の変化しかしないんだよ。

社会の変化は、

多様で目先のことばかりだ。
自然は
ゆっくりした変化だ。
それが徳《タオ》パワーとなって
社会に働くときは
それを受け入れる。

それを信じない人は、
世間の変化につれて、
せかせか動き、
心は休まらない。

第二四章

ライフには余計な料理なんだ

ひとよりも目立とうとして
爪先立《つまさき》ちをしていても、
長くつづかない。
大股にふんばって歩くと、
遠くまで行けない。
自分だけ目立とうとすると、
かえって無視される。
自分こそは正しいと言い張る者は、
敬遠される。
偉そうにふるまう者は、

尊敬されない。

こんなものはみんな、
余計な料理なんだ、
残りものにすぎない。
タオの働きに従う人は、
こんな料理に手を出さない。

第二五章

「大いなるもの」は帰ってくる

タオの料理が限りなくうまいのは、
あらゆるものの混ざりあった混沌《スープ》だからだ。
ひっそりと、ひとり、
すべての味と養分を混ぜあわせ、廻《まわ》しつづけた料理は、
あらゆるところにしみこみ、
すべてのものを産む。
それは天と地も産んだから
天地の母と言える。

それを私は仮りに道《タオ》と名づけるんだが、

その特色はなにか、と訊《き》かれれば、
「大」と応《こた》えよう。
それは大きなものだから
遠くまで行く。
遠くまで行くから、
帰ってくる。

この道《タオ》の偉大さを、
受けついだ天は偉大であり、
それを受けた大地は偉大だ。
大地にいる王者は、
道《タオ》に従うとき偉大なんだよ。
道《タオ》の大と、天の大、地の大、王者の大、
この四つの大がある。
王者《キング》やリーダーは

まず大地に従う。
天は道《タオ》に従い、
道《タオ》はそれ自体の働きが
大いなる自然の法であるのだ。

第二六章

静かに養われた「根っこ」

タオの人が大地に従うとは、
根になることだ。
根は静かなあり方で
ざわめく枝や葉を
養っている。

タオの人は旅の時には
食料を十分に積んだ車とともにゆく。
どんなにいい景色のところに来たって
見とれて騒いだりしない。

君がひとの上に立つリーダーなら
みんなの軽々しい騒ぎに加わらずにいる。
本当のエナジーは
静かに養った根から出るんだよ。

第二十七章

その霧のむこうに

静かにタオ自然《ネーチャー》に生きる人は、
苦しい道をいっても
その跡を残さない。
その人の言葉は、ひとを傷つけない。
とてつもなく大きな計算だから、
計算機は使えない。
ドアは、鍵や棒で閉めないが、
誰も悪用しない。
荷物は紐《ひも》で締めないが、
結び目はほどけない。

だから自然《タオ》の人は
ひとをよく生かし、
捨てることはしない。
善《よ》いものばかり選んだりしない。
こういう態度を智慧《ちえ》という。
この智慧は知っている——
「善い人間」と「悪い人間」とは
ただ表裏のことにすぎない。
「悪い人間」は「善い人間」の学ぶ材料だ。
こういう大きな関係を学ばないで
ただ実利や知識ばかり追う人は
霧に迷っちまってるのさ。
その霧のむこうに
タオの要妙《シークレット》が潜んでいるのにね。

第二八章

あなたは、男でも女でも

ひとには、
男の素質《アニムス》と女の素質《アニマ》の両方が共にある。

自分のなかの男性らしさを自覚し、さらに
女性の優しい柔らかさを守るなら
君は天下の谷のようになる。
その谷水のように、流れ動く力を湛《たた》えて、
赤ん坊のようになる。

男と女の共にある自分が

まっ白で清いものを自覚し、同時に
黒く汚れたものとともにいれば
世の生き方の見本となる。

名誉や贅沢を与えられても
謙遜した気持でいる。
世間の流れにでなく、
素朴な命《いのち》の流れに従ってゆく。

割られる前の木のように
生地《きじ》の自分に帰るんだ。
この木が割られると
ただの道具になる。
政治家たる者は、体制を細かく割らないことだ。

第二九章

極端は避けるんだ

谷のように自然の力の働いているところを
自分の思いどおりにしようとすれば、
失敗する。
独裁者のしたことでわかるように、
自分勝手に国を動かそうとしたら、
国を滅ぼす。

勝とうとすれば、敗ける。
取ろうとすれば、失う。

現実の社会はいろいろで、
先頭を切りたがる者がいれば
後につきがちな者がいる。
吹く息ひとつだって
冷たい手を温《あたた》めようと吹き
熱い湯をさまそうと吹く！
頑張る一方の者がいれば
柔らかく受けながす者がいる。
上に乗っかるのがうまいのと
落っこちがちなのとがいる。

だからタオの力に従う人は
片方だけに傾かない。
高慢と驕《おご》りと怠慢《なまけ》心にふけらずに
安らいでいる。

第三〇章

力ずくでやると

政治がとくにそうだが、
すべて力ずくでやると
きっと、しっぺ返しが来る。
戦争で荒した土地には
いら草が生える。
軍隊の占領した国には
飢饉《ききん》が起こる。
戦うことなんて、
本当に自分を守りたい時だけでいい。
タオの人は

自分を守って、誇らない。
勝っても驕《おご》らない。
結果を誇る者は
まもなく衰えるよ。

暴力や力ずくでしたことなんて
みんな長つづきしないじゃないか。

第三一章

ひとを殺して楽しむ者よ

このごろは
この常識を忘れはじめてるんだが、
武器は悪い道具、兇器なのだよ。
すぐれた政治家は
できるだけ使おうとしない。
使う時でも
最小限にとどめる。そして
勝っても得意にはならない。
勝って得意になる者は、
ひとを殺して楽しむ。

ひとを殺して楽しむ者は、かならず
その野望の極《きわ》みまでゆく。
そして国を破滅に導くんだ。

だからタオに従う人は
戦いに勝った祝いを
葬儀のようにするんだ。
多くのひとを殺したことのほうを
悲しんで泣く。

第三二章

永遠のエナジーの流れ

社会には名の知られぬ人がいる。
その人は素朴でいるから
社会や世間から
こづかれない。
人々がこういう生き方をすれば、
天地は和合して甘露《かんろ》の雨をふらせ
人々は命じられなくとも
耕作にはげむだろう。

ところが君主や政治家たちは

命令や法律をつくり、
細かく分けて名をつけだした。
ひとたちはみんな
名のついた地位や評判を
取りたがって
止まるところを知らない。

危険だよ。
素朴だった自分を思い出し、
そこに止まってほしい。

別の譬《たと》えでいえば、
初めの自分は
谷川の小さな流れだった。
そしてその流れはゆったりと

海に至るのだ——君を運びつつ。

第三三章

「自分」のなかの富

世間を知ることは
薄っ暗い知識にすぎない。
自分を知ることが
本当の明るい知識なんだ。

ひとに打ち勝つには
力ずくですむけれど、
自分に勝つには
もっと深い力がいる。

足るを知るとは、
それを富とすることだよ。
勝とうとする人は
意志や頭を使う。
内なる自分に満足する人は
死んでも
滅びない価値につながっている。

第三四章

水とよく似ている

道《タオ》の働きは
水とよく似ている。
右へ左へ流れながら
万物《ばんぶつ》を生むが、
それを自慢しない。

すべてのものを養い育てるが
親だと威張らない。
何か成し遂げたって
自分がしたと名乗らない。

小さいものと見られがちだが、
万物を仕上げても偉ぶらないのは
まさに大きなもののすることだよ。

道《タオ》の人は
自分を大きなものとせず
目立たないが、
大きなことを成し遂げている。

第三五章

淡白な味だが

タオの人は、大きなイメージを
心に抱いて世を過ごす。
ひとと争わないから
安らいでいる。
旅の人がくれば、馳走《ちそう》をするから、
つい足をとめる。ただし
馳走といっても
タオの味のものなんだ。

タオの味は

淡白だ。
目には見えないし、
耳には聞きとれない、
それでもね、その味は、楽しんだら
限りなく出てくるものだよ。

第三六章

優しい柔らかな光

タオの働きは
こんなことを教えるんだ——

勢いづいたものは、
もっと勢いづかせると、
早く萎《しぼ》む。
権力者には
もっと権力を持たせると、
落ちるのが早まる。
流行をやめさせたければ、

もっと流行《はや》らすことだ。
奪いとりたがる人を止めるには、
もっとたっぷり与える。
これは微妙な働きと言える。

柔らかなものが
固いものに勝ち、
弱いものが
強いものに勝つ。
魚は淵《ふち》から出ないますますべてをする。
ぎらつく武器を見せつける国は
長つづきしないんだ。

第三七章　静かな喜び

深い淵《ふち》にいる魚のように
タオの働きは、静かで、
何もしないようにみえる。
しかし
つねに千変万化《せんぺんばんか》する働きで、
すべてを調整する。
何もしないようでいて
すべてを仕上げてゆく。

太古の王侯はこんな態度だったから

人民は自然でおだやかだった。
さまざまな欲望にかられないで、
余計な手出しをしなければ
素朴な生き方に帰って、
世は治まってゆくんだよ。

第三八章

徳《テー》——大きな愛

道徳の徳は、
「善《よ》い行ない」のことではない。
道《タオ》の力《パワー》が
この世に出てからの
働きを徳というのだ。

上等の徳にもなれば
下等な徳にもなる。
徳の力を
静かに持っているのは

上等の徳の人さ。
世間の道徳家は
徳にしがみつき、
衣装を着こみ、見せびらかす。
これは下等の徳さ。

上等の徳の人は
それをひとに押しつけない。
下等の徳の人は
押しつけたがる。
仁の人は
損得ぬきに良い心から行為する。
正義の人物は
こうすべき、という意志からする。

礼儀を尊ぶ人は
礼儀を守らない人に
文句を言い、無理強《じ》いする。

言い直すと、世界ははじめ、
タオの働き《パワー》自体を
徳《テー》として尊《たっと》んだ。
仁の心を使った。
それを見失ったあと、
それを失うと、
正義を使った。
正義が利《き》かなくなると、
礼儀を用いた。
礼儀が第一になると
形式ばかり尊重して、裏では

むしり合いが始まった。
先を読みとる能力が威張り、
愚劣な競争が盛んになった。

あの道《タオ》の
最初の徳《パワー》につながる人は
うわべの流れを見過ごして
自然に実の結ぶのを待つ。
花をすぐ摘《つ》み取ろうとせずに
ゆっくりと眺める。

第三九章

五郎太石《ごろたいし》でいればいい

一《いち》は
一番小さな数だが、
すべての数の始まりであり、
すべての数を含んでいる。

道《タオ》は、
すべてを生みだす始原《はじまり》の力《エナジー》であり、
太古には、
天は一を受けて、
清く澄みわたった。

大地は一を得て、
平安だった。
神々は
霊妙《れいみょう》な存在。
谷は一の
命《いのち》に満ち、万物を生かした。
君主は一を体得して
人民に接した。
はじめの一からは
すべてがこんな恵みを
受けたんだ。

しかし、
ひとの欲望で曇ったとき
大地は裂けて割れ、

神の精神は萎《な》えはじめた。
谷は乾《かわ》きひからびて
不毛の窪《くぼ》みとなり、
生きものはすべて
飢え苦しみ、
上に立つリーダーは
ひっくり返り、倒れた。

だからいまは、
タオの根をいたわる時なのだよ。
謙遜した心で身をかがめ
始原《はじまり》の一に近づくがいい。
上に立つ王やリーダーは、自分を
家なし児《ご》や、貧しい未亡人や、下働きの男と比べ、
へり下った気持でいるべきだ。

名誉なんて
いくら積み重ねたって
いつかは崩れちまう。
ピカピカ光る玉にならないで
五郎太石《ごろたいし》でいることだ。

第四〇章

Returning——道《タオ》の原理

道《タオ》のなかを
深く貫ぬく特色は何かと言えば
Re-turn——再び転じることだ。
つねに大きく転じるが、
その動きは
弱いと言えるほど柔らかだ。
どこへ転じてゆくのかって?
名のない無《む》の領域へだ。
いま「ある」存在はみな
「ない」のなかに戻ってゆく。

そしてふたたび
「ある」の方へ、
「名のある領域」へ、反転してゆく。
いまあるものは
無《む》から生まれたのだよ。

第四一章

多くの人には逆《さかさ》に見えても

私の道《タオ》の話を聞いた人は
いろいろな受け取り方をする。
上等な人は、
はっと気づいて
生き方を変える。
中等の人は、
半信半疑で立ちどまる。
あとの人は、
馬鹿くさいと笑いとばす。

だがね、馬鹿にされ笑われるのは
タオの道が真の働きだからなのだよ。

タオの道は、
世間の常識の目で見ると逆《さか》さまに見える。
明るいものなのに
薄暗いとされ、
進んでゆくのに
後退するととられる。
平らな道なのに
険しい坂に見え、
高くて上質の考えなのに
俗っぽくてずるい、とされる。
まっ白なのに
薄汚れたもの。

どこにも行きわたるパワーなのに
役立たないものと思われ、
根のついた思想なのに
ぐらついて頼りないものとみる。
その中心には
純粋な心がすわっているのだが
空《から》っぽと思う。

道《タオ》のように、
とてつもなく大きいものは
四方の隅が見えない。

本当に大きな能力の者は、
ずっと後になって現れる。
本当に巨大な音響は

耳に入らない。
大空の変化は
形がない。
同じように
タオは隠れて、
名を隠している。
気づかれぬところで、
黙って
万物を助けているのだ。

第四二章

陰を背に、陽を胸に

タオの始原《はじめ》の
あの混沌《カオス》は一だった。
一から、陰と陽の二に分かれ、
二から三、すなわち
すべてのものが生まれた。
すべてのひとは
陰を背に負い、
陽を胸に抱いて、
調和に向かって進む。

誰しも
未亡人や孤児、貧乏人や
職なしのひとり者になりたくない。
もしも地位の高い人や富んだ者が
自分をこういう者と見なして
へり下った気持ちでいれば、
世の益になるだろう。
地位や富をますます増したがる人は
身も世も損《そこ》なうよ。

「暴力的な人は
静かな死を迎えられない」
これは私がいつも
大事に守っている教えだ。

第四三章

ひとはなかなか気づかない

強い暴力が
この世を支配しているかに見えるけれど、
柔らかい水が、
固い岩を打ち砕《くだ》く。
タオの働きは、隙《すき》のない固いものに
滲《し》みこんでゆき、砕いてしまう。

水は何にもせずに
ただ流れてゆくが、
大きな役をしている。

これだけが、私のよく知ることなのだ――

タオ・エナジーの働きは、
ひとに気づかれないんだが、
比べようもなく
大きいものなのだ。

第四四章

もっとずっと大切なもの

君はどっちが大切だね――
地位や評判かね、
それとも命《いのち》のほうかね？
金儲《かねもう》けや財産づくりのために
身体《からだ》をこわしても
かまわないかね？
ものを取りこむことと、
手放すことでは、
どちらが苦しいか
知ってるかね？

愛したものにこだわったら、
取りにがす。
無理に蓄《た》めこんだものは、
かならず失う。

いま持ってるもので満足すると、
ひとから恥をかかされない。
いまの自分で足りている人は
安らぎ
静かでいて、
長く命《いのち》を保つ。

第四五章

不器用でいい

大柄な器量の人は
どこか間抜けに見える。
だが、汲みだすと限りなく出てくる。
まっすぐな素朴な人はいつも
身を下に曲げているかのようだ。

大きな技の人は、
下手くそに見える。
本当に能弁な人は
口下手《くちべた》に見える。

郵便はがき

料金受取人払郵便

神田局承認

5869

差出有効期間
2015年3月
15日まで

神田支店承認

1018791

529

東京都千代田区
神田北乗物町
16

株式会社 地湧社

愛読者カード係行

ご購読ありがとうございます。本欄は、新刊や講演会などのご案内の資料とさせていただきます。ご記入の上、投函下さい。

(フリガナ)

お名前

男・女 ／ 年齢　　歳

ご住所　〒

都道府県　　市区町村

TEL　(　　)　　Email　@

ご職業・在校名　　ご購読新聞・雑誌名

新刊案内のご希望 □ある □ない　講演会等催し物案内のご希望 □ある □ない
図書目録のご希望 □ある □ない　「湧」見本誌(無料)のご希望 □ある □ない

読者プレゼント

この「愛読者カード」をご返信下さった方全員にもれなく、
小冊子『英国流 家庭ごみで堆肥づくり』を贈呈いたします！
(在庫終了次第締め切りとさせていただきます。お早めに送付下さい。)

愛読者カード

◆今後の参考にさせていただきます。忌憚のないご意見・ご感想をお寄せ下さい。お待ちしております。

◇今回ご購入された図書名

◇ご購入の動機

1. 書店で見て
2. インターネット・HPでみて
3. 地湧社からの案内をみて
4. 「湧」を読んで
5. 新聞広告をみて（紙名　　　）
6. 雑誌広告をみて（誌名　　　）
7. 書評を読んで（　　　）
8. その他（　　　）

◇ご意見・ご感想

＊いただいたご感想を小社ホームページなどに掲載してもよろしいですか？
□はい　□匿名またはペンネームならよい（　　　）　□いいえ

◇今後お読みになりたいと思う本の企画

◇小社愛読者カードをお送り下さるのは今回が初めてですか。
1.はい　2.いいえ（　　回目）

◆ご注文◆

書　名	著者名	定価	冊数

＊ご注文は郵便、お電話、ファックス、eメールにて承ります。
＊発送手数料：1件一律200円（1万円以上のご注文の場合は送料サービス）

地湧社《ちゆう》 TEL.03-3258-1251 FAX.03-3258-7564 http://www.jiyusha.co.jp

ひとと騒げば、
寒さはしのげるがね、
かっかと熱した心に勝つには
ひとり静かでいることだ。

澄んで静かな心が
世界の狂気を正すのさ。

第四六章

いまあるもので充分さ

タオの道がゆきわたる時は
軍馬でさえ、糞を畑に落として、
土地を豊かにする。
タオの道にそむいて戦乱の世になると
牝馬《めす》さえ引き出されて、
遠い国境の野で仔《こ》馬を産みおとす。

欲しがり、さらに取ろうとすることほど
罪なことはない。
足ることを知らないのが

すべての禍《わざわい》の元なのだ。
ひとたび足ることを知れば
それが中心となる。

第四七章　君自身への旅

すべてにゆきわたるタオ・エナジーは
外へ出てゆかなくとも
見つかる。
ドアから出て
遠くへ尋ねてゆかずとも、
わかる。
あちこち尋ねまわったら
かえって見えなくなるんだ。

だから

タオの人は、
どこに行かなくとも知り、
何か見なくとも
悟る。
何もしなくとも、出来上がる。

第四八章

存在の内なるリズムに任《まか》す

ひとは日々、
役立つことを取りこむ。
自分の利益になるからね。
タオの人は、
取りこまずに
出してゆく――損をしてゆく。
どんどん出してゆく。
それを「無為《むい》」と呼ぶのだが、
無為とは
自分のなかにあるリズムに

任《まか》せて、静かでいることだよ。

人々の上に立とうとする人は
こういう姿勢でいるべきだ。
その人は、いざという時
天下を取って指揮する力を
発揮する。

第四九章

心を空《から》にする人

タオを心にもつリーダーは、
きまった意見を持たない。
だから
人民の考え方に
どのようにも応じられる。
その人は言うだろう——

「善《よ》いものは、善しとする。
悪いものも善しとする。
ひとの本性はもともと善いのだ。

正直者を信用し、
不正直者も信用する。だって
ひとは本来〝信じる〟性質なのだよ」

タオに従うリーダーは
囚《とら》われない心でいるから、
人民は
口や耳や眼を、
本来の働きに戻して、
安らぐ。
幼い子みたいに、
微笑する。

第五〇章

命《いのち》を大切にする人は

ひとは命《いのち》のなかに入り、
死へと出てゆく。
始めの三十年、
命は柔らかく生きる。
終りの三十年、
こわばり死に向かう。
なかの三十年、
働きすぎて命を消耗する。
どうしてこうなるのかって？
競争や逸楽や恐怖に

駆られるからだ。

聞いたことがある――
命を大事に用心してゆく旅人は
猛獣にちかよらず、
軍隊に入れられても
武器を取らない。
犀《さい》の角に突き刺されないし
虎はその爪を立てない。
人間の刃《やいば》にもかからない。
だから
生を柔らかに守る人には
死のつけいるすきがない。

第五一章

道《タオ》と徳《テー》

くり返して言いたいが、
「道《タオ》」は、
すべてのエネルギーの根源だ。
すべてを生みだす元《もと》――
それを「玄《タオ》」と呼ぶ。
道《タオ》が社会に現れ
生きものを養うとき――
この働きを、「徳《テー》」と呼ぶ。
それは
無理強《じ》いでなく

自然に備《そな》わる本来の力だ。
道《タオ》の現れである徳《テー》は、
ものの内にある力なんだよ。
社会の道徳じゃない力が、
生み、養い、育て、
成熟させてゆく。

生み出したからって
自分の所有にしないし、
よく成長させたからって
それを威張らない。
これは、
「玄《タオ》」の陰パワーが
「徳《テー》」の陽パワーとなるのであり、
古くから「玄徳《げんとく》」と呼ばれている。

第五二章

道《タオ》は万物の母親

道《タオ》は万物を生む根源の力《エネルギー》と言ったが、
言いかえれば、道《タオ》は万物の母だ。
道《タオ》という母から生まれたわれらは
子なのだ。
そう知ることで、ひとは
道《タオ》の大きな優しさを知る――
子が母の優しさを知るようにね。
自然に
母の懐《ふところ》に帰ることで、
安らかな人生に向かう。

目鼻耳口という
七つの穴をいつも開けて、
外の刺激ばかり求めたら
身と心は救われないよ。
時には
その穴を閉めて、
大きな母親に戻るがいい。

自分の内の
小さな光を見つけだし
柔らかさの強さを知る——
こんな日常を守ってゆくといい。

第五三章

内なる光で見直してごらん

自分のなかの小さな閃光《ひらめき》を
見つけると
タオの広い道に出るよ。
だが、人々は
横道、狭い路が好きらしく、
その路地で
先を争い、押しのけ、のしあがろうとする。

政治と経済では汚職やワイロが横行し、
野は荒れて、

穀物倉は空《から》になるが、
上にいる連中は
着飾り、飲み食いに贅沢し
金銭を積み上げる。
これは悪党のする犯罪だよ。
タオの人のゆく道ではない。
人としてひとりゆく
タオの道ではない。

第五四章

まずは君自身が「自由」になること

タオはひとたび根づくと、
抜けない。
タオとしっかりつながる人は、
社会に引きずり廻《まわ》されない。
その命《いのち》の活力は、
子孫に伝わってゆく。

まず君自身が
タオのパワーを深く意識することだ。
するとと君の活力は伝わって

家族や村へおよぶだろう。
もし君が選ばれてリーダーになれば、
国にも及ぶだろう。

大切なのは
自分個人のなかに、
タオ・パワーを養うことだ。
世界の平和は
ひとりひとりが
この広いタオの道を
歩きだすことから
始まるんだよ。

第五五章

ベビーの握りこぶし

徳《タオ》の力は、誰の命《いのち》のなかにも満ちていて、
ひたすら、君を生かそうとする。
赤子《ベビー》の様子をよく見てごらん――
まったく邪心や敵意がないから、
毒虫は刺さない。
蛇は咬まない。
猛獣は手出ししないし、
猛鳥もつかみかからない。

ベビーは、

骨は細いし筋肉はふにゃふにゃだよ。
それでいて手を握ったときの
その拳《こぶし》の固さはどうだ！
男と女の交わりは知らんのに、
オチンポはしっかり立つ！

一日じゅう泣きわめいたって
声が嗄《しゃが》れない。
それは全身がタオ・パワーに調和しているからだ。
徳《タオ》のパワーは陰と陽の調和に向かう。
平らで安らぎの道なのだ。
命《いのち》の力をゆっくり増すことが
幸いにつながる。

精気《エナジー》と精神に無理強《じ》いをすると
命を傷《いた》め、固くこわばる。
徳《タオ》パワーのままにゆく人は
老いても柔らかだよ。

第五六章

「深い同化」の技

タオ体験をした人は
むだに喋《しゃべ》らない。
口ばかりか、耳と目を
むだに働かさない。
余計な欲望の穴をとざす。
気負った行動や
先走りする心を抑え、
小利口な考えを止めて
塵《ちり》やゴミと一緒にいても、
平気でいる。

こういう態度を
玄同という——
はじめの玄と同化することだ。

こういう人は、
馴《な》れなれしくしようとしても、
把《とら》えどころがない。
無視しても、効果がない。
利用しようとしても
乗ってこない。
やっつけようにも、手がかりがない。
とっ摑《つか》まえたって、利益にならず、
軽蔑したって手応《てごた》えがない。
しまいに世間は
こういう人を、尊《たっと》ぶようになる。

第五七章

自由と静けさ

タオに同化した人は、
あまり手出しをせず
ゆったり静まっている。
国でもそうだよ。
国が禁止令をやたらに設けると、
貧乏人がふえる。
いろんな武器を持たすと
暴力に使いはじめる。
頭のまわる人民をふやすと、
損得ばかり追うようになる。

法規や税法を細かくすれば
その網をくぐる悪党がふえる。

国が治まるのは
個々のひとが
相手の自由を尊重し
静けさを愛するときだ。
余計な欲望を持たなければ、
国も健全になるんだ。

第五八章

よく光る存在だが

政府が締めつけないで、
ゆったりしていると
国民は元気に素直に働く。
きびしく能率的にやると
国民は
ずる賢くなる。

世の中のことすべて
災いのあとには、幸福がくるし、
苦しさのあとには、楽しさがくる。

そのように変わってゆくんだが、
どこがその転回点なのか
誰も見極《みきわ》められない。
時代が変わると、正義や道徳だって
変わるのだから、
ひとつの時代だけ見ずに、
長い目で見たらどうか。

タオの道に従う人は、善だ悪だと
簡単に割り切らず、
両者を容《い》れるのだ。
自分は丸くても、
他の者の四角を直したりしない。
まっすぐでいるが
ひとの曲がっているのを受け入れる。

よく光る存在なのだが
ひとをまぶしがらせない。

第五九章

何にでもくじけなくなる

国でも個人でも
天地の精気《エナジー》を
たっぷり溜《た》めることだ。
ほかのことは吝《けち》にして
この精気を満たすことだ。
すると、
何にでも負けなくなる。
たとえば苦しみや悲しみに
挫《くじ》けなくなる。
どんな変化にも

耐えられるから
苦しみや悲しみにも
応じられるんだ。

それは天地をつくった
あの大いなる母《マザー》につながるのであり
限りなくつづく命《いのち》の道なのだ。

第六〇章

魚を煮るように

「大きな国を治めるには
魚を煮るようにしろ」
と言われるがね。
魚を煮るのに
あちこち突つくと
形が崩れちまう。

道《タオ》のリーダーは、
そんな小煩《こうるさ》いことをしない。
すると国の鬼神《きしん》も、

民を害しなくなる。
リーダーも、鬼神も、
人民を苦しめない。
霊界にも社会にも
タオ・パワーが自由に流れる国となる。

第六一章

大きな国はつねに下にいる

大きな国は
低い姿勢をとるのがよい。
大地という女性が下にいて
天という男性を受け入れる。
そのように、大きな国は下にいて、
小さな国を容《い》れれば
小さな国は大国に負けない気になって
共に流れにくだる。
互いに求めずに、
それぞれのままでゆく。

大きなものは、つねに
下にいるべきなのだよ。

第六二章

すべてのものを生かす力《パワー》

道《タオ》からの命《いのち》は、
水と同じように
誰のなかにもあり、
すべてのものを生かす力《パワー》だ。
だから善人はこれを宝とし、
悪人も大切にする。
世の善人ばかりか
悪い人だって、これだけは捨てないのだよ。
ひとに祝われる善人がいい車に乗ってゆくがね、
貧しいダメ人間だって

道《タオ》パワーとともに
坐っていられるのだ。

いったいなぜ、昔から
この道《タオ》が貴《たっと》ばれるのか
知っているかね？
幸運を求めて得た者も
失敗して罪を犯した者も
受け入れるからさ。
だから貴ばれるのさ。

第六三章

小さなうちに対処するんだ

私は「無為《むい》」とは言うが、それは
何もしないことじゃあない。
余計なことはするな、
手当たり次第に求めないで
淡白な味の暮らしをせよ、ということさ。

怨《うら》みの心は、
徳《タオ》パワーでいやすのさ。
痛い目にあわされても
仕返しは徳《タオ》パワーに任《まか》す。

小さなことを大切にし
小さなものから、ふやしてゆく。
世界の大問題だって、みんな
小さいことから起こる。

難しいことは、
易《やさ》しいときに仕末する。
大問題は小問題から片づけてゆく。
政治上の難問題は
小さいうちに片づけることさ。
だから、タオの人は
大きなことに取っかからず
小さなことからしてゆき、
いつしか大きなことを仕上げる。

安請《やすう》け合いする人は信用しないことだ。
安易《あんい》にとりかかる人は
難しくして困りはてるよ。
だからタオの人は要心ぶかく
難事をさけて
無事にゆく――それが
「無為《むい》」ということなのさ。

第六四章

「終り」もまた、「始め」のように

軽いものは
持ちあげられる。
計画は始めのころなら
わかりやすい。
まだ薄いものは
割りやすい。
ごく細《こま》かなうちなら
吹きとばせる。
出来上がる前なら、取り消せるし、
乱《らん》の起きぬうちなら、

押さえこめるさ。
三抱《みかか》えもある巨木も
細っこい苗《なえ》木だった。
幾十階ものビルも、始めは
一階からだ。
千キロ、二千キロの旅だって、
まずは足もとの一歩から始まる。

世間のひとは成功を目指して、
ひたすら努力し、
息切れしてしまう。
それにしがみつく者は破綻《はたん》する。

タオの人は無理しないから、失敗しない。

執着しないから、失いもしない。
世の人々は
なんとかしようと頑張るから
かえって挫折するんだ。

タオの人は
知識を超えたむこうのものを
胸に収める。
万物の自然のあり方を知り、
その動きに助けられる。
知識や欲望からの行為を
できるだけ控える。

始めの一歩のように
終りの一歩も自然にやるなら

仕上げも失敗しないだろう。

第六五章

知識をいくら詰めこんだって

国が
国民にやたら情報をばらまいて
小利口にすると
競争心が増して
先への不安を深める。
情報過多な政治は
自然のエナジーの智慧《ちえ》を
無視している。
タオの自然の創造力は
深くて、遠くまで

ゆきわたっている。だから
私たちはもう一度、
この大きな道《タオ》の深い働きに従ってみることだ。
そうすれば、君はいつか
大きな調和の途《みち》へ向かうだろう。

第六六章

百千の谷の親玉《キング》

あらゆる谷から流れ出た水は
すべてを養い、
海にとけこむ。
大きな海は、
低いところにいるからだ。
だから海は
百千の谷の親玉《キング》と言える。

同じように、タオを体得したリーダーは
人々の上に立つとき、

高ぶった言葉を使わない。
先に立たず、後からついてゆく。
すると人々は
彼が上にいるのを重く感じないし
前にいても邪魔と思わない。
ついに人々はみんな
彼を支持し、厭《いや》がらず、
喜んでついてくる。
こういうリーダーは、
けっして争わない。
だから他の国も
争いをしかけてこない。

第六七章

三つの宝

私の話を聞いた人は、みんな言うんだ、
「えらくでかい話だけれど
どこか間が抜けているなあ」とね。
そう感じるのも、
私の話す道《タオ》が大きくて本当の言葉だからだ。
もし小さく、つまらぬ言葉だったら、
軽く扱われて忘れ去られたろう。

私は
三つの宝を持っていて、とても

大切にしている。
その一は愛
二は倹約
三は世のひとの先に立たぬこと。

私の言う愛とは
母のもつ愛のことだ。
それは
他の人も勇敢に愛せる愛だ。

倹約とは、
道《タオ》のエナジーを節約して、
ひとに寛大に分けるものだ。

ひとの先に立たずとは、争わないことだ。

競争せずにエナジーを内に溜めると
大きな度量の人間となる。

もしもあの愛がないのに
勇敢に振舞ったり、
蓄えもないのに
気前よくばらまいたり、
後ろにいるのをやめて
先頭に立ったりすれば、
まもなく倒れるよ。

深くて広い愛を持つ人は
戦うにしても負けはしない。
なぜなら、無理せずに守るからであり、
天もまた見守っているからだ。

第六八章

「争わない」、それも力だ

タオ・パワーのある隊長は
気負って戦ったりしない。
冷静にかまえ、
身を低くして、
兵士の後ろからついてゆく。
この行為は
「争わない力《パワー》」という。
この「争わない力」で
部下を用いるとき
部下たちのエナジーはいちばんよく働く。

争わずに勝つ――
これは
道《タオ》が古くから伝える極意《ごくい》なのだよ。

第六九章

戦わずして勝つ

戦いのことを言うなら
古くから言われるように
隊長は部下たちを用いるとき
自分は先頭に立たず
お客のように控《ひか》え目でいる。
先に立って突進せず
退《しりぞ》いている。
これが戦わずして勝つ方法だ。
進軍せず
腕も武器も振り回さないから

疲れない。
結局、戦わないで勝つ。

敵を軽く見て侮《あなど》ることは
いちばんの誤りであり
軍をすっかり失うことが多い。
要は、兵を無理に戦わせるより
控えて、力を養い
そして勝つことだ。

第七〇章

尊い玉を抱いている

私の言っているのは
わかりやすいことなのであり、
実行もしやすい。
それなのに
世間のひとは誰も、
わかろうとせず
実行しようとしない。

私の言葉は
大本《おおもと》の、深いところから出て

すべてのひとに役立つものなんだ。
しかし世間のひとはまるで知らない。
役に立てようとしない。

ということは、私は
貴重な存在、
ごく稀なものなのだよ。
薄よごれた服を着ているが、
内には
宝玉を抱いている。

第七一章

知識病

自分の知らないことが多い、
と知ることは
大きな智慧《ちえ》だ。

知っていることだけにとどまる者は
病人だ。
知らないくせに
何でも知っていると思う人は
病気にくるまっている。

タオの人は、
自分が病んでいると知っている。
だから、病《やまい》から抜け出ている。

第七二章

どっちの権威を取るか

人民が、
タオの偉大さを信じるとき、
命《いのち》のパワーが回復する。
すると
自分のいまいるところを、
狭いと感じなくなる。
生まれてきたことを
厭《いや》だと思わなくなる。
誰もが
自分を愛し、しかし

おごりたかぶらない。
権威にぺこぺこしない。

ひとは、
権威につかずに
タオ・パワーを取ることだ。
権力は捨てて
自分を愛することだ。

第七三章

天の網《ネット》

権力を恐れるなと言ったがね、
ただ勇敢に刃向《はむか》ったら
殺される。
無謀にやらない勇気を持つ者が
生きぬく。
両者のどちらが世のためになるのか、
天はよく知っている。
天の働きというのは
争わずにいて、勝つ。
黙っていて、実行する。

招きもしないのに、来る。
平然として控《ひか》えているが
計画どおりに、やる。
じっさい、
大きな網《ネット》のように、
目はあらくて、隙間《すきま》だらけだが、
大切なものは何も洩《も》らさない。

第七四章

天に刑の執行を任《まか》す

もし、君主が人民をうんと傷《いた》めつけて
人民が、死んだ方がいい、
と思うほどになったら、
死刑という罰で
人民を脅《おど》せなくなる。
もし君主が人民をよく生かしたら、
人々は生きることを楽しんで
死を懼《おそ》れるようになる。
それでも並はずれの欲を起こして
人殺しをする者がごくまれに出るが、

生命を楽しむひとたちの世では
殺す役を
天の働きに任《まか》せるのだよ。
天は死刑を執行するとき、
大きな力と技を持ってするんだ。
それは最上の大工のような技だ。
こんな天然の大工に代わって、人間が
ひとを死刑にするとなると、
どうしても
自分の手を傷つけることになるのだよ。

第七五章

いま生きている命《いのち》こそ貴い

人民が飢えるのは
国が
やたらに税金を取り立てるからだ。
飢えると、
人民は治まらなくなる。
治まらないのは
人民のしたことではなく
君主のしたことだ。
人民が苦しんで死にたくなっても
上の連中は飽《あ》くまで求め、

享楽し、
人民の死なんか省《かえり》みない。
こういうとき
タオの人は十分に生きることを
まず貴《たっと》ぶ。
これが賢い道だ。

第七六章

優しいものは上にあって

ひとの命《いのち》は
柔らかく、弱々しい。
それが死ぬと
こわばり、突っぱる。
ひとばかりか
あらゆる生き物や木や草も
柔らかでしなやかだが、
死ぬと枯れてこわばる。
だから、固くこわばったものは
死の仲間であり、

みずみずしく、柔らかく、弱いものは
命《いのち》の仲間だ。

だから、軍隊は強くすれば、滅びる。
堅くつっ立つ木は折れる。
強く突っ張るものは
下にいて、根の役をし、
柔らかで弱いものが
上にいて、花を咲かせるのだよ。

第七七章

能力や才能を見せつけない

道《タオ》の働きは
弓を引きしぼる時と似ている。
弓の高いほうを引きさげ
低いほうを引きあげる。
それは
余った力で
足りない側を補う働きだ。
天の働きも同じで、
余るところから取り去り
足りないところに配る。

ところが人間のすることは違うんだ。
足りないところからますます取り上げ
余っている者はますます溜《た》める。
溜めた者たちは
足りない者に分けない。

タオの人は
余ったエネルギーを
天に返す。
仕遂げたものを
自分のものにしない。
成功しても、
居据《いす》わりつづけない。
自分の能力や才能を
見せびらかさない。

第七八章

水の流れのように

天と地の間で、
水ほど
柔らかで弱々しいものはない。
それでいて
硬くて強い岩をしまいに
崩《くず》して、こなごなにしてしまう。
弱いものが強いものに勝ち
柔らかいものが固いものに勝つ。

このことを、

世間のひとはよく知っているのだが、
実行するひとは少ない。

だからタオに達した人は言う——
河のように、
君主やリーダーが
低いほうに流れて
汚れや垢《あか》を受け入れることだ。
こういう者こそ、真のリーダーだが、
世間は知らないのだ。
本当の言葉は、しばしば
世間の常識とは正反対に
ひびく。

第七九章

怨《うら》みがなくなるだけでも

深い怨《うら》みを持った人は
いくら許す気になっても、
恨《うら》みが残るものだ。
どうしたら気持よく許せるだろうか。

道《タオ》の人は徳《タオ》パワーに任《まか》せて
相手を責めずに、忘れる。
徳《タオ》パワーに任せれば
天が司ってくれる。
徳《タオ》パワーがないと

仕返しのパワーが動く。
天の道は片方に
味方するのでなく
君が怨む者も
助けようとするのだよ。

第八〇章

理想の国

私のもっとも生きたい土地は
小さな国で、
人民も
ごく少ないところだよ。
いろいろの道具を持ってはいるが
使おうとはしない。
みんな命《いのち》を大事にするから
遠くへ旅に出ない。
船や車は持つんだが、
ほとんど乗ってゆかない。

兵士も武器を備えているが
使わない。
物品の取引には、
縄に結び目をつくって
簡単にすます。

それでいて
食事はゆったりと楽しみ
美しい服を着る。
日々を安らいで暮らし
習慣を乱そうともしない。
隣の国は近くて、
犬の吠える声や
鶏の鳴く声が聞こえるのだが、
そんな隣りとも

老いて死ぬまで
往き来しない。

第八一章

道《タオ》につながる人

道《タオ》の伝える真実は
甘く響かない。
飾った言葉は
真実ではない。
善き心の人は
あまり喋《しゃべ》らない。
喋《しゃべ》くる人は善くない。
真実を知る人は
広い知識を持とうとしない。
広い知識ばかりの人は

真実を知らない。

道《タオ》につながる人は
蓄《た》めこんだりせずに
いつも他人に分けようとする。
分けることで
ますます自分を豊かにする。
他人に与えることで
かえって豊かになる。
天の働き《タオ》は
益を与えるけれど、害はしない。
タオの人は
けっして争わない。

老子私観——柔らかなバランス

宇宙エナジーと命――第一の柱

ほぼ二千五百年前の古代中国に、孔子と老子がいました。
孔子の『論語』では、その最初の句は次のようです。

学ビテ時ニ之ヲ習ウ、亦夕説《よろ》コバシカラズヤ。
朋《とも》アリ遠方ヨリ来ル、亦夕楽シカラズヤ。

意味の明瞭な文であり、内容もこのままで私たちが理解できます。
老子の『道徳経』八十一章の最初の句は、次のようです。

道ノ道トスルハ、常ノ道ニアラズ、
名ノ名トスルハ、常ノ名ニアラズ、

さっぱりわからない。初めて読む人には言葉の内容をつかめない。孔子の明快な句とは正反対のものです。

この両書の違いは、どこから来るのだろうか。

孔子も老子も、人が天からの力《エナジー》をいただく存在だ、という点で、根本は同じです。しかし、孔子の『論語』では、その天の力を、君主が受け継いで国家をつくり、人民は君主の政治を支える国家体制の一員です。

老子では、君主も人民も天からの力《エナジー》を受けるのであり、その宇宙エナジーは、君主にも個人にも同じに働くとします。

孔子の教えは君主制の権力国家を支持するものなので、代々の国の国教となり、それが社会の「道徳」をつくり、「常識」をつくりました。それは強く人民の生活に染みこみ、現在まで来ています。

二十一世紀のいま、君主制国家は消えつつありますが、君主の代わりに物質観《マテリアリズム》が支配権力であり、多くの人々は道徳と常識を維持しています。この権力社会の道徳と常識から見ると、老子の説は非道徳であり、非常識です。この違いは『論語』と『老子道徳経』の全体に言えます。そしていまの私たちも孔子的道徳観や常識から見るので、老子がわからないのです。

老子はもっとはるかに大きな働きと結ぶ人間を見ます。その働きは個々人の中に生きてきて、いまや東洋ばかりか西欧の人々の心まで惹くものになっています。なぜなら本来、人は自分の生命が、国家や社会体制の向こうの宇宙エナジーと結ばれていると直覚していて、そのエナジーに従って生きることに安らぎを感じるからです。

老子の思想は、この宇宙エナジーと命《いのち》をつなぐ生き方であり、それは権力国家の道徳と常識の下をくぐって、孔子儒教に劣らぬ力で現在まで生き抜いて来ています。そして孔子と老子の両思想は、いまも人々の中に共存しています。

ふたりの賢人の人間観を、もっともシンプルな図にすると——

△　孔子

◯　老子

宇宙エナジーは、地球の万物を産み育て、成長させる。母の役割をして、産んだものを十分に生かそうとする。このことを老子ははっきりと悟ったのです。

第一章に、「だから天と地は名のあるものすべての母なのだよ」（11頁）とありますが、母とは、すべての生きものを育む優しい性質を指しています。天と地を産んだ宇宙エナジー（玄《げん》や道《タオ》）は、母のように、産んだ命を十分に生かそうとする。この深い認識を元にして、老子は説いています。これがタオイストの認識であり、自然観です。

ただし、もうひとつの認識も大切です。それは、現在の私たちが、孔子的な、父権性の道徳観と常識で行為し、生活していることです。この点をまず第一に自覚してほしい。その自分の目から、老子の思想に新しい気持ちで向かってほしい。

バランス・中庸――第二の柱

宇宙エナジーが万物に働くとき、その根底には、バランス感覚がある、そしてこの「バランス」感覚は『老子道徳経』八十一章すべてにゆきわたっている、と私は思う。バランスとは「中庸」のことであり、「老子の中庸」「孔子の中庸」のふたつがあると私は見るのです。孔子の中庸とは、国家・社会と個人のバランスであり、老子の中庸は、宇宙のエナジーと自分個人との間のバランスだと言えます。自分の中の自然エナジーに任《まか》せてバランスを回復することこそ、最も良く生きる道だ、と老子は見たのです。

この小論は現代の私たちの立場から話したいので、主に「バランス」の一語を用います。バランスと言っても、それは常にYING（陰）とYANG（陽）、そしてHARMONY（和合）という古代思想に支えられたバランスです。

「バランス」について考えると、まず、自然界に働く大きなバランスと、個々人の中の小さなバランスがあると気づく。そしてこの大小ふたつのバランス・エナジーは、同じ性質なのだと私は老子から学んだのです。

一九九二年に老子を初訳したとき、この点を感じとって、次のように短く言っています。

つくづく感じたのは、老子はとてつもなく大きな平衡家（バランサー）だということだ。彼は宇宙エナジーの無限の働きと私たちの朝飯の一杯との間にあるバランスを見た人だ。すでに二五〇〇年前、強者崇拝の世の中に「弱くて柔らかなもの」の力を問うた人だ。

（『タオ　ヒア・ナウ』ＰＡＲＣＯ出版「あとがき」から）

さらに八年後、第二の訳の「あとがき」では――

「老子」は、人間にある宇宙意識と社会意識のふたつのバランスを語る。つまり、その左の手は、なにも掴めない空に向かって開き、右の手は、しっかり掴める大地のものを握りしめている。この大きなバランスを「老子」の言葉から感じとると、人は安らぎやくつろぎの気持ちの湧くのを覚える。

この大きなバランスの視点から老子は、人間のする行き過ぎを警告している。たとえば、近世以来の西洋（欧米）社会では、所有（possession）、自己主張（self-assertion）、支配（domination）の三つの態度が、国にも人びとにも優勢となり、今にいたってはそれがわが国にも波及している。「老子」の時代も同じであり、彼はそれを戒めて、「争ウナ」「自カラ足ルコトダ」といった言葉をいくども発している。これらの言葉は今、古代中国人に対して有用であるばかりか、二十一世紀の私たちと世界全体への警告となっているのです。

（『タオ―老子』筑摩書房「あとがき」から）

しかし、これだけではまだ部分的な見方でした。さらに七年程過ぎて、台湾から出た小さな本『老子中庸思想』（會為恵著　文史哲出版社）に出逢いました。それには「中庸思想こそ老子思想の淵源だ」と説き、第四二章の句が引用されています。

タオの始原《はじめ》の
あの混沌《カオス》は一だった。
一から、陰と陽の二に分かれ、
二から三、すなわち
すべてのものが生まれた。
すべてのひとは
陰を背に負い、
陽を胸に抱いて、
調和に向かって進む。
（第四二章・106頁）

このように訳したときの私は、陰・陽のバランスについて、まだ気づかなかったのです。
いまは思うのです――そうか、一の混沌から二の天と地が生じ、三のこの世界ですでに陰陽のバランスが働いていたのだ。そしてひとりの人間もまた、そのエナジーを受けついで、小さな陰と陽を保持してゆく。老子はわずか数行で、大小のバランスを見事に結びつけて語っているのです――それも鮮《あざ》やかな詩的イメージにしている！

現代の西洋のタオイストからは、次の声を聞きました。

「道《タオ》それ自体と同じように、タオの陰と陽にある中心的《エッセンシャル》な働きは〝バランス〟にあり、〝調和〟であり、そして〝対立するものふたつの融合〟であります。

――デヴィッド・リード『タオの健康と性と長寿』

老子のバランス感はタオイズムの中心である、という見解は、西洋ではかなり広まっているようです。

老子の大きなバランス感覚を一番よく語るのは、「柔弱」（優しさ）、「不争」（争わず）の二句でしょう。「柔弱」は次に語るので、ここでは「不争（争わぬこと）」をとりあげます。洋の東西を問わず、文明社会は、この四千年たえず戦争をしてきました。ことに二十世紀は、世界の文明国が戦争に没頭した時代でした。だからこの「不争」は、いま二十一世紀の世界で最も重大なバランスへの方向です。老子の時代よりもいまの時代の方が、ずっと「不争」を必要としている。現代は、はるかに強力な武器で大量破壊ができる時代だからです。「柔弱」と「不争」は、いまの人間と文明社会に最も不足しているものです。原理としてわかっていながら、いまだに争いごとに明け暮れたりしている人間の文明は、自然の中にある陽と陰のバランスを人工で破壊しすぎているのです。

父権制社会の男性中心文明になって以来、それが人間の歴史の上で、たしかに大きな役割を果たしてきました。科学技術文明の成果は誰の目にも明らかです。しかし、いまや世界がその方向に傾き過ぎています。さらにこの大きな片寄り方の原因は政治家たちにある。けれども彼らはこのアンバランスを直そうとはしない。それを直すには、個々人がまず自分のバランスを回復してゆくことだ——老子はこう言うのです。

老子が孔子の道徳と常識に反対するのは、もうひとまわり大きなバランスからのことでした。アンバランスは、たしかに自分個人から見るとよくわかります。自分がいかにアンバランスになっているか、そこに気づくことです。

その気づき（awareness　強い自覚）を、個人から世界の人々に広げてゆく——それしか本当の平和への道はない。老子は私たちの父系制男性社会の行き過ぎを、たえず直そうとしている――そのバランスの心を老子の各章から感じとるとき、老子ワールドの全体像が見えてくるでしょう。

柔弱・優しさ――第三の柱

二〇〇〇年、二度目の老子訳を終えるころ、アメリカの友人から小さな本をもらいました。『The Tao is silent タオは黙っている (by Raymond M. Smullyan)』と題した本で、そのなかの一句が私の目を射た。

「優しさこそ、たしかに、タオイズムの中心となる声《メッセージ》なのだ」
Kindness certainly is central ethical message of Taoism.

それまでの私は「老子《タオイズム》」を、道《タオ》と玄《げん》、空間と虚の哲理、無為と無差別、といった哲学的テーマを中心に見ていたのですが、このアメリカ人の数理学者スマリアンの一行に出くわして、そうか、老子八十一章の心棒となるのは「優しさ」なのだと知ったのです。

その目で見直すと、「老子」の最初の一章から終章まで、「優しい心」が息づいている。この気づきから、私には「老子」が一気に身近なものになったのでした。

第一章ではすぐに、こう言います。

この名のない領域から
天と地が生まれ、
天と地のあいだから
数知れぬ名前が生まれた。
だから天と地は
名のあるものすべての
「母」なのだよ。

（第一章・11頁）

名のない領域に満ちた宇宙エナジーは、天と地をつくり、天と地は万物を産みだす。そのエナジーは万物の命を養い育てるのだから、母性のもつ優しさのこもるものだ。そうだ、優しいエナジーこそ、タオの本性だ。私はその目で全章を見直してみて、私自身がその大きな母の優しさにつながるものだと感じた。

私の言う「優しさ」は、「老子」原文では「柔弱」の二語に当たります。この「柔弱」の二語は、一〇、五五、七六、七八の各章に出ています。当時の私の手帳には、

みずみずしく、柔らかく、弱いものは
命《いのち》の仲間だ。
（第七六章・181頁）

の句を書き、「この章には老子の本当の姿と心が表れている」と、記《しる》しています。

近年は、とくに「老子」の中の母に惹かれます。タオ・エナジーは、生きるものすべてをこの世に産みだす。育て、成長させる方向に働く。だからタオ・エナジーは、生きとし生けるものすべてへの愛のエナジーです。

空気や光や土や水は、それ自体は生命体ではないが、成長するにつれ命にとけこみ、命そのものとひとつになる。

老子はこれを直感でキャッチした。そして人の命を愛し、育てる大きな力を母として語りました。母のイメージの象徴として使われる語――たとえば、谷神、水、海、花、は柔らかさ、優しさとつながっています。

だから天と地は
名のあるものすべての
「母」なのだよ。

（第一章・11頁）

だから私は、
誰の子かと訊《き》かれたら、
道《タオ》が母だ、と答えるのさ。

（第四章・21頁）

天とこの世を分ける衆妙の門を
開いて、母と遊ぶ。

（第一〇章・32頁）

道《タオ》は万物を生む根源の力《エネルギー》と言ったが、
言いかえれば、道《タオ》は万物の母だ。
道《タオ》という母から生まれたわれらは
子なのだ。

（第五二章・126頁）

天と地が母の優しさを持ち、万物を生かす。これは大いなる思想です。海は天と地の間にある。海の水は雲となって天に浮かび、雨となって地を潤す。そしてあらゆる命を産み、育てる。それが老子の道《タオ》の大きな愛であり、社会での人間の本来のあり方なのです。母は赤子から何も奪わず、ただ与えるだけだ。

しかし、社会常識では、優しさ、柔らかさ、弱さは、無視されがちです。どの思想も哲学も「優しさ」にふれないままです。それなのに老子だけは柔弱のあり方を尊びます。彼はどこからこの思想を受けついだのか。

しかしここから私は地母神に関心を持ちはじめ、バッハホーヘンの『母権論』を読んでいて、はっと気づいたのです——そうだ、「老子」は、中国古代にあった母権制社会の心性を伝えているのだ。だからあの優しさや無邪気からの生き方を中心思想としたのだ。

中国では殷の時期、日本では縄文期、ヨーロッパではギリシア以前の古代は、歴史以前の太古です。それは母権制の氏族社会でした。母を中心としていて、心情は優しさや親切な心性が主流だった。

老子はこの時期の、人間本来の命《いのち》のあり方を語ったのです。孔子は母権制のあとにできた父権制社会での社会人のあり方を強調していますが、老子はそれ以前の、あの純朴で優しいあり方を全八十一章で説いています。この点に気づいた私は、さらに「老子」の内なるエロス心性へと伸びていったのですが、この点は二〇〇九年に書いた『私のタオ——優しさへの道』（筑摩書房）という老子論でやや詳しく書いています。

空虚・無為

器《うつわ》は、かならず
なかが空《から》っぽだ。
器は形でしかなく、形のなかの

空間が役に立つ。

家は窓をつくり、ドアをつけて、
部屋をつくる。
部屋の空間が役に立つ。
ぎっしりつまっていたら
使いものにならない。

（第一一章・33頁）

こうした句は、それまでの私の常識をくつがえしたのでした。それまでの私は形ばかり見ていた。形ばかりにとらわれていて、その形に宿る空間の価値を全く知らなかった。しかし形だけでは形骸に過ぎない。ものの形の内に空間があって、その空間が形を生かすのだ。

「無《む》」とは何もないところを指す——これが世間の常識です。老子《タオイズム》は正反対に「無」とは、エナジーに満ちた空間だとします。玄の、始源《はじめ》のエネルギーが充満しているという老子思想——これを、現代の量子力学が同じように言っています。

「これまでは真空（バキューム）と言えば、何もない場のことと聞かされてきました。しかし今では、この真空には量子が充満していて、それがさまざまな力になって宇宙から地球に伝わってくるとされています。地球はそのおかげで存在しえている。宇宙の「真空」は、からっぽの空間とは程遠いものであることがあきらかになった。」

（ラズロ『叡智の海・宇宙』参照）

この証言は、現在の科学知識です。しかしその知識を、老子は直覚でとらえたのです。『道徳経』には、「無」の字は三十近く用いられています。

「無」とは宇宙エナジーの充満しているところだ。これが第一のポイントであり、その無に満ちたエナジーの働きを、気づかせる——それが道《タオ》の働きだと老子は指摘するのです。そうすると、無為とは「為スナカレ」でなくて、「無ガ為ス」、と私は解したくなった。これは中国文法にはない言い方であり、私の個人発想です。原意は「為スコトナシ　為サヌコト」です。しかしそれが「名のある領域」に出てきて、万物に働いているのだから、この「無のタオ・エナジーの為す」に任せたらどうか、と老子は言いたいのだ。余計な手出しをせずに、この「無」のエナジーの働くままでいる。すると、かえってスムーズにことは運ぶ。言い換えると、無為とは、自分の内なるリズムに従って生きることです。

タオイズムというのは、けっして引っ込み思案の安全主義ではない。隠遁的で消極的な態度ではない。逆に人生を大きく肯定して、ゆったりと生きようとする主義です。

生まれたばかりの赤ん坊は何もしない。無為でいる。それでいて母親を動かしづめにする——授乳、入浴、おしめ替え、また授乳……ベビーは何もせずに、すべてを為さしめて、為す人をハッピーにしている！

非区別と共存——第四の柱

初読のとき、第一章がよくわからず、まごついたが、第二章の初行は、さらにわからなかった。

天下皆知美之為美　其悪已　（天下みな美の美為るを知るも斯《こ》れ悪のみ）

この原文の意味は、どの注釈や訳でもわかりにくかった。しまいには、自分の直感に頼って、意訳をしたのでした。

「美しいもの」は
「汚いもの」があるから
美しいと呼ばれるのさ。

（第二章・14頁、以下第二章をゆっくり読んで欲しい）

そして私はこの章に心を打たれた。今まで区別意識という片目で見ていたのに、両目をひらかれたのです。

第一章では混沌たる「名のない領域」から天と地、陰と陽が分かれ、そして名がついた、と言う。この第二章では、名がついて区別するようになってからの「片寄り」が語られている。私たちの片寄った常識は、区別することから起こる。私も成年になってから、すべてを選びわけ、区別することばかりしていた。

しかし、老子のタオ・エネルギーはすべて「名のつかないもの」から出て、それに名がつく。名がついて人の知るものとなるが、そこには「名のないその元のエネルギー」が必ず働いている。両方があるのだ、片方では存在しえない、と説くのです。

図は双魚図（太極図）ですが、この白い魚と黒い魚の両者を分かつ中央の線は、白い魚のものなのか、黒い魚のものなのか、言えない。両方がひとつだ。「名のつくもの」はすべて、名のないものと共存している。その片方だけではありえない。タオの人は両方を受け入れることで、区別を超えたエナジーの働きを見はじめる。陽と陰が一緒になって電気エナジーが働く。

老子と同じころ、ギリシアのヘラクレイトスが言った――「すべてのものは、対立する両方があって、はじめて存在し得る」それ以来、西洋にも、「対立するふたつは互いに補いあうものだ」という思想が流れていた。しかし現代文明の社会では、区別が常識であり、支配的です。それゆえ老子の見解が大切となるのです。

老子は「無名エナジー」と「有名エナジー」を具体的に指示するだけです。そこから抽象的哲理に入りこまない。ここが老子のすごいところですが、有は無があるから、有という名がつく!　と説いたあと、だからひとを区別する意識をゆるめ、威張ったりせず、謙遜した態度でいることだ、と人生指針を語るのです。

静けさ

私は六十五歳から伊那谷に暮らしはじめて、老子の説く「静けさ」を実感したのでした。それまでの都会生活では、騒音が常でした。耳はいつも騒音を聞き、心はいつもあれこれの思いを追っていました。

伊那谷に暮らしてから——とくに自然のなかにひとりでいるとき——「老子」の多くの章が、静かな心から出ていると感じ、私はこの書の深さを知るに至ったのです。

とくに私は第一六章を訳すとき、自分の心も静まったことを覚えています。この章だけは、読者に、心をひそめて読んでもらいたい。

すると、いくつもの章からも、老子の言う静けさが、あなたにしみこんでゆくでしょう。

ひとと騒げば、
寒さはしのげるがね、
かっかと熱した心に勝つには
ひとり静かでいることだ。

澄んで静かな心が
世界の狂気を正すのさ。
（第四五章・113頁）

私の老子ハウスは、「静けさ」にとりかこまれた谷に立っている、とイメージしてほしい。

足ルヲ知ル

「足るを知る」は、「いまあるもので十分だ、無理に求めるな」という意味です。

儒教的教えでは、「衣食住足って礼節を知る」とあって、物質的に十分になって、はじめて礼儀を学ぶ、というごく常識的見方をとっています。しかし老子は言う。

ひとに打ち勝つには
力ずくですむけれど、
自分に勝つには
もっと深い力がいる。
足るを知るとは、
それを富とすることだよ。

（第三三章・82〜83頁）

しかし「足るを知るは富なり」とはどういうことだ、と私は戸惑ったのでした。十分だと知ったら、もう外に求めずに、自分の内側に向き、富のあるのを知る、そこまでは考えられた。では、どんな富か。いまはこう考えています――それは自分のなかに豊かな潜在的可能性があると知ることだと。自分に潜在する可能性を呼び覚ますと、内なるエナジーは限りなく涌き出てくる――それこそが豊かさなのだ、と。

変化

『老子道徳経』の背景には、すべてのものがたえず変化してゆくという思想があります。これが美だ、道徳だ、社会秩序だと言ったって、みんな常に変化してゆくのだ――こういう小さな変化と、大自然の大きな変化とを、人の間の立場から伝えるのがタオです。

変化を受け入れる。それから応じる――これがタオの人のあり方なのです。この点を本文から引用したくなりますが、ここでは西洋の言葉で老子に通じる一句を出しておきたい。

変えられないものは、受け入れる落ち着きと、
変えられるものは、変える勇気を、
そして、この両者を見分ける智恵を、与えてください。

――ラインホルト・ニーバー

私は思い返してみると、反対のことばかりしてきた。変えられるものを変えようとせず、

変えられないものを変えようとしてきたのでした。

伊那谷に来て以来、自然――ネイチャー――と接して、長い間求めていた自由とは、外の変化を柔らかく受け入れる心だと自覚したのです。

常識では、自由とは、社会のルールや道徳から自分を解放することです。タオイズムの自由とは、変化に対して自在に応じることでした。そのとき人は、社会ルールにとらわれない自然な自由を抱く。この時のタオイストは、社会の常識から解放されている。

自然

私の老子の家は土台を大地とし、屋根は天空だから、見える風景もまた山と谷と川となる。どんな風光かと問われたら、いまいる伊那谷です、と答えたい。

しかし、誰もが自分のいるところに自然を見いだせるのであり、その自然の中から、老子とつながるタオを感得できるのです。自然には宇宙エナジーが最も端的に現れていて、それを「道《タオ》」と呼んでもいいのです。

『老子道徳経』には、自然からイメージした詩句が多い。谷・川・水・海から花や木に至るまで、たえずタオ・エナジーの働きの例として表れているのであり、読者が、本文各章でそれらを楽しむことがいちばん大切だ。

自然に中に入って感じる喜び――その実感からタオイストとなる道がひらかれると言えるでしょう。

台風は上陸しても
半日で去る。
大雨は
二日とはつづかない。
道《タオ》に従う自然でさえ、
こんな程度の変化しかしないんだよ。

（第二三章・60頁）

学者たちは言う――「自然トハ自ズカラ然ルコトデアリ……」こういう理屈は、自然からの喜びを実感得する助けにはならない。かえって邪魔になる。

こう書いていて、そういえば、私のこの「老子私観」も本文各章から読者が感得すべき喜びの邪魔をしていると思う。どんな理屈も、実感には及ばない。老子の声は、こちらのなかにある自由な耳に聞こえてくるのです。

會為恵氏の『老子中庸思想』には次の二行がある。

道合―┬陰・地―牝―雌―柔―無―美―善―是・・・
　　　└陽・天―牡―雄―剛―有―醜―悪―非・・・

この陰と陽の二傾向のうち、いまは陽が強すぎると老子は見たのです。そのありさまを見て、あらゆる陰の性質を人々に再認識させようとして語る、それは陽を覆滅するのではなく、陽と陰がバランスのよい状態になることを願ってのことです。共存するために両者がいいバランスであることを全章で説いているのです。人の世の陽と陰がほどよいバランスで和合するとき、天地には恐怖の嵐ではなくて、甘露の雨が降るのです。

この私観の終りには、こんな私流の図を置くことにします――

△　トンガラズ

□　カクバラズ

○　コロガッテユク

二〇一三年六月十三日　伊那谷にて

加島祥造

【著者略歴】

加島祥造（かじま　しょうぞう）

大正12年東京・神田生まれ。90歳。英文学者であり詩人。早稲田大学英文科卒。米カリフォルニア州クレアモント大学院に留学。帰国後、信州大、横浜国大などで英文学を教える一方、多くの英米文学を翻訳。約30年前から長野・伊那谷に独居。老子と出遇い、タオイストとなる。主な著書に、
『タオ ヒア・ナウ』PARCO出版
『タオ―老子』筑摩書房
『老子と暮らす』光文社
『タオにつながる』朝日新聞社
『タオと谷の思索』海竜社
『エッセンシャル タオ』講談社
『肚　老子と私』日本教文社
『私のタオ―優しさへの道』筑摩書房
『優しさと柔らかさと―老子のことば』メディアファクトリー
『禅とタオ』佼成出版社
他に『求めない』『受いれる』小学館などがある。

「老子」新訳　名のない領域からの声

2013年 8月10日　初版発行

著　　者　加　島　祥　造　© Shozo Kajima 2013
発 行 者　増　田　正　雄
発 行 所　株式会社　地《ち》　湧《ゆう》　社
東京都千代田区神田北乗物町16 （〒101-0036）
電話番号：03-3258-1251　郵便振替：00120-5-36341
装　　幀　菊地信義
編集協力　リエゾン
本文組版　ギャラップ
印　　刷　中央精版印刷株式会社

ISBN 978-4-88503-226-4　C0010

老子（全）
自在に生きる81章

王明校訂・訳

老子の道徳経をいくつかの原典にあたりながら独自に校訂し、日本語に現代語訳。中国語、日本語ともに母国語の著者が、その真髄を誰でもわかるように書き下ろす。不朽の名訳決定版。

四六判上製

詳説 老子伝
「道《タオ》」を知るために

王徳有著／徐海訳

中国に語り伝えられる神話や史話の中の老子を追いながら、生きた老子像を描き、その真髄に触れる。「道《タオ》」に従い、無為自然に生きた老子の思想を、やさしく解き明かす「道《タオ》」の入門書。

四六判上製

老子は生きている
現代に探る「道《タオ》」

葛栄晋主編／徐海・石川泰成訳

老子誕生の地中国の哲学者が、様々な分野の研究者たちと共に、広く足元の生活や学問と老子思想のつながりを描いた。自然に生きることの意味を再び見出し、私たちの内なる「道《タオ》」を呼び起こす。

四六判上製

老子・東洋思想の大河
道家・道教・仏教

許抗生著／徐海訳

老子の思想は、道教として民衆の信仰を支え、またインド仏教と融和・反発しながら禅宗を生み出した。中国の人々の中で時代を超えて生きる老子のダイナミックな変遷を語る「道《タオ》」の思想史。

四六判上製

アルケミスト
夢を旅した少年

パウロ・コエーリョ著／山川紘矢・亜希子訳

スペインの羊飼いの少年が、夢で見た宝物を探してエジプトへ渡り、砂漠で錬金術師の弟子となる。宝探しの旅はいつしか自己探究の旅となって……。ブラジル生まれのスピリチュアル・ノベルの名作。

四六判上製